LE

GOUVERNEMENT PERSONNEL

ET L'OPPOSITION

LE

GOUVERNEMENT PERSONNEL

ET L'OPPOSITION

PARIS

E. DENTU, LIBRAIRE-ÉDITEUR

PALAIS-ROYAL, GALERIE D'ORLÉANS

1868

LE
GOUVERNEMENT PERSONNEL

ET L'OPPOSITION

I

Le gouvernement personnel n'est plus.

Celui que le suffrage universel avait investi de la toute-puissance, s'est dépouillé peu à peu de ses prérogatives.

La publicité donnée aux séances de la Chambre, l'adresse en réponse au discours du trône, remplacée depuis par le droit d'interpellation, sont les premiers coups portés par l'Empereur lui-même au gouvernement personnel.

Les pouvoirs nouveaux donnés aux conseils généraux, les lois nouvelles sur la liberté de la presse et le droit de réunion, toutes concessions faites aux progrès des idées libérales ; enfin la présence des ministres à la Chambre, non encore responsables, mais défendant déjà les actes du pouvoir en ce qui concerne leur département, ramènent insensiblement la France au régime constitutionnel : le trône inviolable s'abritant derrière la responsabilité ministérielle.

Il ne saurait être question aujourd'hui de défendre un mode de gouvernement qui, abdiquant de lui-même, ne veut pas être défendu ; mais il est permis de jeter un coup d'œil sur les événements remarquables qui se sont accomplis pendant les seize années qu'aura duré le gouvernement personnel.

II

Nous vivons dans un siècle de progrès. Jamais, depuis que le monde est monde, les forces intellectuelles de l'homme n'ont dépensé leur énergie avec plus de prodigalité. Le monde marche, et qui plus est veut marcher vite. Il n'est aucune question de politique ou de morale, de philosophie ou de science qui ne soit fouillée, retournée, envisagée sous toutes ses faces. Les esprits progressent, les gouvernements ne doivent pas s'oublier dans une immobilité funeste.

Une ère nouvelle commence pour l'humanité. Le principe du droit divin a vécu. Ce ne sont plus les peuples qui sont faits pour les rois, mais les rois pour les peuples. Les caprices de la multitude ont remplacé ceux du souverain. Une force puissante, souvent aveugle il est vrai, mais toujours invincible, dirige aujourd'hui les événements.

Cette puissance est l'*opinion publique*, avec laquelle les gouvernements doivent compter. Nouveau sphinx, elle dévore ceux qui ne savent pas deviner ses énigmes.

L'habileté d'un gouvernement n'est donc pas dans une résistance obstinée aux caprices de l'opinion, mais dans une étude sérieuse de ces mêmes caprices, dans la recherche constante des moyens de les satisfaire.

Un pouvoir intelligent doit savoir plier devant les bourrasques populaires, et, s'il ne veut rompre comme le chêne, céder comme le roseau de la fable.

C'est pour n'avoir pas su faire à propos des concessions aux idées nouvelles, que la monarchie s'est écroulée deux fois, en 1830 et en 1848.

Les peuples, en effet, par des causes trop nombreuses pour être énumérées ici, se lassent rapidement du régime qui les gouverne, quel qu'il soit d'ailleurs.

Nul n'ignore, et l'histoire fourmille de preuves à l'appui de cette vérité, qu'un gouvernement faible mène à l'anarchie et de là au despotisme, et qu'à son tour le despotisme tombe dans l'abus, amène la révolution et devient anarchie.

> *Est modus in rebus, sunt certi denique fines*
> *Quos ultra, citraque nequit consistere rectum.*

a dit Horace. Cette pondération des pouvoirs doit être le rêve politique des hommes d'État. Cet équilibre entre les forces conservatrices et les forces progressives d'une nation doit être l'objet de leurs études constantes. Si donc un gouvernement doit tout d'abord opposer une résistance sage et prudente aux entraînements souvent passagers des idées nouvelles, il est de son devoir comme de son intérêt de laisser une porte ouverte aux aspirations des peuples vers un avenir meilleur.

Une constitution doit donc être perfectible, soit qu'elle applique cette perfectibilité à donner des libertés devenues possibles par une longue période de calme et de tranquillité, soit qu'elle l'emploie à serrer le frein et à réprimer les excès d'une minorité turbulente.

L'Empereur, qui fit la constitution perfectible, imitant en cela l'Angleterre, a cru devoir user de son droit et nous donne en ce moment le spectacle, rare et plein d'enseignements, d'un monarque abdiquant de son plein gré, sans pression autre que le respect de l'opinion publique, les prérogatives les plus chères aux souverains.

Ce spectacle est grand comme tout triomphe de la sagesse humaine, il est plein d'enseignements, car il prouve une fois de plus que le prince, qui se trouve appelé à régner sur un peuple aussi difficile à gouverner que l'est le peuple français, ne doit jamais s'endormir dans sa toute-puissance et doit au contraire prendre l'initiative des réformes.

Il ne faut toutefois toucher à une constitution que d'une main discrète et prudente. Pacte fondamental, la constitution ne doit pas être menacée dans son essence par une liberté de discussion qui peut avoir des dangers nombreux.

Lorsqu'on permet en effet d'examiner l'utilité, la légitimité, l'opportunité de la loi fondamentale d'un gouvernement, le doute naît vite de cet examen ; la foi politique est bientôt ébranlée et les révolutions sont la conséquence déplorable de ce manque de confiance. Les peuples ne sont guère, en effet, plus sages que les souverains. L'abus des finances dans le pouvoir, l'abus de la presse dans le peuple, ont été le plus souvent la cause de ces bouleversements continuels dont nous avons été témoins depuis près d'un siècle. C'est donc par des concessions réciproques, par un usage modéré des droits qui leur sont dévolus, et non par une méfiance mutuelle ou par des aspirations intempestives, que les peuples et les rois pourront arriver à établir ce gouvernement sagement pondéré, auquel doit tendre toute nation soucieuse de ses intérêts véritables.

III

Le gouvernement personnel peut avoir son utilité à certains moments et temporairement ; mais il ne saurait être, dans l'état actuel du monde, érigé en principe comme système permanent de gouvernement.

Il est dans la vie des peuples des instants de crise où las de désordres, fatigués d'anarchie, les esprits aiment à venir offrir la dictature et remettre le pouvoir absolu entre les mains de celui qui, par sa fermeté et son génie, semble le plus apte à rétablir les affaires de l'État. Mais peu à peu le souvenir des dangers courus va s'effaçant, les passions endormies se réveillent, une génération nouvelle, pleine d'ambition, surgit ; des événements imprévus surviennent ; l'opinion publique se modifie et demande à être satisfaite ; c'est alors que, prenant les devants, un gouvernement sage doit entrer le premier dans la voie des réformes et diriger le mouvement des idées, afin de ne pas être entraîné malgré lui.

Le gouvernement personnel n'a donc raison d'être qu'autant que toute une nation a su reconnaître dans son chef les qualités nécessaires à cette grande et périlleuse mission, de gouverner seul un grand État, et d'accepter par cela même toute la responsabilité.

C'est donc de l'élection et non de l'hérédité qu'il doit tenir ses droits à gouverner les peuples. Ce système nécessite, en effet, chez un souverain une intelligence supérieure, un esprit assez énergique pour résister aux séductions d'un pouvoir sans contrôle, aux entraînements d'une initiative que rien ne vient entraver.

Ce n'est donc pas l'éloge du gouvernement personnel en général que nous voudrions entreprendre ici. Nous renfermerons la question dans des limites plus étroites. Nous tâcherons de démontrer qu'entre les mains habiles de Napoléon III, le gouvernement personnel n'a produit que des résultats heureux, et que c'est du jour où l'Empereur a commencé à abdiquer une partie de ses droits, du jour où il a voulu tenir compte des caprices de ceux qui prétendent représenter l'opinion publique, que la France, jusqu'alors conduite à des succès certains par la main ferme de Napoléon III, a commencé à éprouver non pas des échecs, mais des déboires.

Il faut, en effet, pour que son action soit efficace, que l'opinion publique soit compacte et constante; en France, au contraire, elle est mobile et impressionnable, sceptique et railleuse; un discours éloquent, un incident, par lui-même sans portée réelle, suffit pour la modifier et en faire brusquement changer le courant.

IV

Le règne du gouvernement personnel peut se diviser en deux époques.

La première, pendant laquelle la France, reconnaissante et pleine de confiance, a suivi en aveugle l'Empereur partout où il a cru devoir la conduire. C'est alors que nous l'avons vue calme à l'intérieur, grande et respectée à l'extérieur, heureuse dans toutes ses entreprises.

La seconde, qui date des modifications apportées au mécanisme gouvernemental, est plus agitée. La France est toujours grande, mais elle est moins sympathique au dehors; elle n'a rien perdu de sa force, mais son prestige est moindre, et, disons-le, c'est dans les discours et les écrits de l'opposition que les nations étrangères ont cherché et trouvé des arguments contre elle. C'est là que l'Italie, l'Allemagne, les Etats-Unis et le Mexique ont puisé l'énergie de la résistance et le courage de ces déclamations souvent stériles, il est vrai, mais qui n'en portent pas moins atteinte à la dignité de notre glorieuse patrie.

Nous allons entrer plus directement dans le sujet de cette brochure, par l'examen successif des événements qui ont signalé la première période.

V

Du jour où le prince Louis–Napoléon fut élu président pour la seconde fois, la France se sentit forte et confiante, car elle comprit que pour elle commençait alors une ère de calme à l'intérieur, de gloire à l'extérieur.

Le prince qui la gouvernait n'était pas un inconnu.

Pendant trois années, il avait eu à lutter contre l'anarchie, et grâce à son habileté et à sa modération, il était arrivé à faire triompher la cause de l'ordre. Le titre d'Empereur ne lui avait pas encore été offert; mais la nation savait qu'elle pouvait au moins compter sur dix longues années de tranquillité.

Les passions mauvaises, qui s'étaient déchaînées pendant les premiers jours de la République, après une saturnale de quelques mois, avaient pour longtemps dégoûté le peuple français des révolutions. La France voyait donc avec joie une main vigoureuse prendre les rênes du gouvernement et laisser la carrière ouverte aux améliorations intérieures, au développement régulier et progressif du commerce et de l'industrie.

A partir de ce moment, toutes les forces vives de la France semblèrent sortir de leur engourdissement. Les capitaux rassurés se lancèrent avec confiance dans les entreprises qui leur étaient offertes ; et lorsque la couronne impériale fut posée sur la tête de Napoléon III, jamais, depuis les belles années du premier Empire, la prospérité de la France n'avait été plus grande.

En 1855, pour la première fois, une exposition universelle allait convier les différents peuples à venir à Paris étaler les merveilles de leur industrie et se disputer la palme.

Une seule nation devait manquer à ce grand tournoi pacifique, la Russie avec laquelle nous étions en guerre.

Voyons ce qui avait amené ce conflit avec l'Empire russe.

La Russie, fidèle à la politique de Pierre le Grand et de Catherine, colorait du prétexte de la protection des chrétiens en Turquie son désir de s'emparer des provinces danubiennes et de s'ouvrir le chemin de Constantinople. La France qui sous le règne précédent avait, en 1840, perdu toute influence en Orient, ne pouvait laisser échapper cette occasion de reconquérir le prestige de son ascendant.

L'Empereur, après avoir eu recours aux moyens diplomatiques, restés sans effets, fit entrer ses troupes en campagne et vint ranimer la résistance des Turcs dont la valeur avait déjà arrêté l'armée russe devant Silistrie.

Cette expédition allait de plus révéler un côté nouveau de la politique impériale. L'alliance anglo-française, œuvre toute personnelle du chef de l'Etat, ouvrait un avenir glorieux aux destinées des deux nations et prouvait, de la façon la plus évidente, que Napoléon III savait sacrifier de cruels souvenirs de famille à la gloire et aux intérêts véritables de la France.

Sébastopol, réputé imprenable, défendu par toutes les forces de l'empire russe, tomba sous le canon des alliés, et la Russie vaincue vint signer le traité de Paris. Les deux puissances occidentales avaient mis un frein à l'indomptable ambition des czars.

L'Europe put voir que la France de 1855 n'était pas la nation vaincue de 1815, la nation humiliée de 1840. — Notre flotte et notre armée victorieuses traversaient la Méditerranée. — L'Angleterre elle-même, étonnée de la puissance de notre marine, de l'admirable organisation de nos troupes, rendait hommage à la grandeur de sa nouvelle alliée.

Nous avions été mettre les nationalités roumaine et turque à l'abri du danger d'être absorbées par la Russie. Nous avions rétabli en Orient notre influence, légitime et nécessaire à cette politique qui consiste à protéger l'Europe et l'Asie des empiétements incessants de l'empire russe.

Pour la première fois, l'Empereur avait eu à intervenir dans une grande question européenne, et ce gouvernement personnel, si attaqué depuis, avait su du premier coup replacer la France dans la position brillante d'où vingt ans de coalition avaient seuls pu la faire descendre.

V

Plus près de nous, l'Italie avait vu depuis 1815 l'Autriche exercer sur elle et accroître chaque jour une influence dominatrice et rivale de la nôtre. Le royaume de Piémont, dernier boulevard de l'indépendance italienne, était menacé. Les Impériaux semblaient vouloir planter leur drapeau au pied même des Alpes. Une politique traditionnelle nous faisait un devoir d'intervenir et de rejeter loin de nos frontières cette puissance dont les manœuvres, hostiles aux intérêts français, menaçaient aussi de compromettre à tout jamais l'indépendance et la nationalité italiennes.

L'Empereur n'hésita pas. Une armée nombreuse, admirablement organisée, commandée par des géné-

raux éprouvés, pénétra en Italie avec la rapidité de
la foudre. La première rencontre fut une victoire ; et
Montebello, Magenta, Solférino furent témoins des
hauts faits des armes françaises. En deux mois, la
campagne était terminée. Les troupes autrichiennes,
battues à plusieurs reprises, étaient réduites à se
réfugier dans le quadrilatère. La Lombardie était
libre.

L'Empereur s'était mis lui-même à la tête de son
armée. La France, pleine d'enthousiasme, avait ac-
clamé son départ, et devait saluer son retour par une
ovation brillante, expression sincère de l'admiration
que ressentait la nation pour son souverain, et du
légitime orgueil qu'elle éprouvait de savoir que la
Renommée allait proclamer au monde entier son ra-
pide triomphe.

Seule, l'opposition avait jeté dans ce concert de
louanges une note discordante, en refusant de voter
le subside qui devait aider à mener à bien cette campagne.

La guerre d'Italie était une concession faite aux
intérêts séculaires qui nous avaient si souvent con-
duits dans la Péninsule. L'Empereur, qui avait pris
l'initiative de la guerre, avait aussi, malgré le désir
qu'il avait exprimé de faire l'Italie libre jusqu'à
l'Adriatique, brusquement arrêté l'effusion du sang
et signé la paix de Villafranca.

L'opposition, qui avait blâmé l'expédition, allait

2

nécessairement reprocher au gouvernement de n'avoir pas été jusqu'à Venise. D'abord indifférents ou même hostiles à l'intervention française, les membres de la gauche devinrent les plus chauds défenseurs de l'indépendance et de l'unité italiennes du moment que l'Empereur eut l'air de s'arrêter en chemin et de refuser de prêter son concours à la révolution.

L'Empereur avait cependant plusieurs raisons de s'arrêter dans la lutte qu'il avait engagée. Quel était, en effet, le but qu'il se proposait d'atteindre ? Refouler l'Autriche, encore pleine des souvenirs de Novare, et substituer l'influence française, généreuse et libératrice, à la pression autrichienne.

Les rudes coups portés à la domination des Habsbourg en Italie par la conquête de la Lombardie et par l'annexion de cette province au royaume de Sardaigne, suffisaient pour donner aux Italiens la force de résister désormais à de nouvelles agressions, et même l'espoir de reprendre un jour la Vénétie à leur rivale.

Nous allions, en poursuivant la campagne, nous trouver en présence du quadrilatère, obligés de nous arrêter devant plusieurs places fortes dont le siége eût peut-être été difficile et la défense opiniâtre. Notre champ d'opérations était d'ailleurs fort étroit, car si l'Autriche pouvait verser incessamment sur la Vénétie les forces de l'empire, il ne nous était pas permis d'aller chez elle. Membre de la Confédération germanique, nous aurions eu, en l'attaquant, à lutter avec l'Allemagne entière, qui déjà commençait à s'agiter sur le Rhin et nous forçait à y laisser une puissante armée d'observation. Enfin, cette guerre était une guerre d'influence, une guerre juste, conforme aux intérêts français, mais non une guerre absolument nécessaire. Fallait-il, pour achever l'indépendance italienne, pour tenir une promesse généreuse, mais peut-être imprudente, sacrifier le sang et l'argent de la France? Non. Une autre raison militait en faveur de la paix. Les princes italiens qui subissaient l'influence autrichienne avaient, à l'approche de l'armée française, quitté leurs duchés. Il fallait arrêter le mouvement insurrectionnel et ne pas confondre dans une même sympathie l'indépendance et la révolution.

L'Empereur avait donc trouvé une combinaison qui devait faire de l'Italie une confédération présidée par le Pape. La Vénétie, bien qu'appartenant à l'Autriche, aurait fait partie de cette confédération italienne, comme le Luxembourg, propriété du roi de Hollande, faisait partie de la confédération germanique. Les souverains italiens seraient maintenus sur leur trône. C'était l'union italienne, sinon l'unité.

Cette combinaison échoua, et le suffrage universel prononça la réunion des duchés au Piémont. Cette annexion créait une puissance nouvelle à nos portes. Mais l'Empereur veillait sur les intérêts français, et la Savoie et le comté de Nice, consultés sur leurs aspirations, nous furent cédés non comme payement des services rendus, mais comme garantie contre des éventualités, dès lors entrevues.

Cette glorieuse époque, dans laquelle nous venons de voir la politique impériale rétablir notre influence en Orient et en Italie, avait donc eu pour premiers résultats l'alliance anglaise, l'émancipation italienne et l'humiliation de deux de nos ennemis les plus redoutables, la Russie et l'Autriche. L'Empereur allait encore saisir, dans la lutte entre les Druzes et les Maronites, l'occasion nouvelle d'affirmer en Syrie les prétentions et les droits séculaires de la France à la protection des chrétiens en Orient, droits que la Russie voulait désormais s'arroger et faire servir à ses projets ambitieux.

VII

Dans l'extrême Orient, d'accord avec l'Angleterre, l'Empereur envoyait, en Chine, une poignée de soldats qui par leur énergie, leur bonne discipline, devait, avec le concours de nos braves alliés, pénétrer jusque dans la capitale du Céleste-Empire, y porter le symbole de la foi chrétienne, et ouvrir à notre commerce un monde jusqu'alors fermé à toute relation avec l'Occident.

La France, dont le nom avait été si puissant et si glorieux jadis dans l'Inde, n'avait gardé de ses énormes possessions que quelques comptoirs. L'Angleterre y avait créé, au contraire, des établissements magnifiques, source de richesses immenses ; dans le nord de l'Asie, la Russie avançait continuellement, et par la possession du fleuve Amour se donnait des débouchés dans la mer du Japon. L'Empereur accepta la tâche difficile de rendre à la France sa puissance passée dans ces contrées lointaines ; une expédition fut dirigée contre la Cochinchine où des missionnaires français et espagnols avaient été massacrés, et aujourd'hui trois vastes provinces entre Singapour et la Chine se développent et prospèrent à l'ombre du drapeau de la France.

Enfin, dans la prévision du trafic énorme auquel est appelée la mer Rouge par le percement de l'isthme de Suez, le gouvernement de l'Empereur a acquis, en face d'Aden, un point de ravitaillement et de repos nécessaire aux nombreux navires qui, grâce à notre nouvelle influence dans ces parages, vont désormais sillonner ces mers.

Voici, en quelques mots, la politique de ce gouvernement personnel, livré à ses seules inspirations, tant attaqué depuis et contre lequel s'élevaient déjà quelques voix isolées. La France riche et prospère, heureuse et respectée, voyait tout lui sourire. Mais cette gloire et cette prospérité devaient lui susciter des envieux, même parmi ses propres enfants.

VIII

La seconde période du règne de Napoléon III ren-
ferme également des événements importants.

Au dedans, des modifications dans les rapports du
gouvernement avec la nation, modifications qui ont
conduit la France au résultat présent : abdication du
pouvoir personnel.

Au dehors, l'expédition du Mexique, les événements d'Italie, d'Allemagne, enfin la question romaine.

Nous allons nous occuper de la question du Mexique, qui, par son importance, sa durée et les vives
attaques dont elle a été l'objet, attire naturellement
tout d'abord notre attention.

Voyons, avant d'aller plus loin, ce qu'est le Mexique, et s'il était vraiment digne de ces sympathies si
vivement exprimées à la tribune et dans la presse
françaises ? Voyons si cette sollicitude pour les Mexicains, à peine explicable en temps ordinaire, ne devenait pas coupable dans des cœurs français, alors que
nos troupes étaient engagées dans une expédition,
malheureuse dans ses résultats, mais conçue d'après
une idée imposante et digne de tenter une âme généreuse, une nation chevaleresque comme la France.

Le Mexique, colonie de l'Espagne détachée de la mère patrie en 1821, avait eu pour premier souverain Iturbide, général espagnol qui avait aidé à son émancipation. Nommé empereur, il ne tarda pas à être renversé et fusillé. En 1824, la République fut proclamée. Depuis cette époque jusqu'en 1860 trente-quatre gouvernements se sont succédé.

Un écrivain français, qui a vu de près ce pays, s'exprime ainsi :

« Le Mexique est un pays maudit; le mot patrie
» n'y vibre plus. Il est divisé en deux partis qui s'in-
» titulent : les cléricaux et les libéraux, sans parler
» des bandes de toutes couleurs qui pillent les villes
» et rançonnent les voyageurs au nom de Dieu et de
» la Liberté. Dans les deux partis il y a sans doute des
» individualités honorables qui gémissent de la dé-
» cadence et de la guerre civile. Mais pendant que
» 5 millions d'Indiens travaillent et souffrent, les
» cléricaux veulent conserver ce qu'ils ont acquis
» aux dépens de la prospérité générale, les libéraux
» veulent s'enrichir et parvenir aux honneurs. Tous
» sont coupables. »

L'opposition, à laquelle le baron Jérôme David disait un jour ;

« Messieurs, un fait m'a frappé dans les discours
» que nous venons d'entendre : c'est que l'Espagne,
» l'Angleterre, les Mexicains, tout le monde a raison,
» et la France a tort. Je vous avoue que mon senti-

» ment, que mon orgueil national se révolte à cette
» pensée. »

L'opposition, donc, qui n'a pas confiance dans les
documents français, voudra bien croire cependant sir
Ch. Wyke, ministre de la Grande-Bretagne au Mexique. — Voici comment il peignait l'état de ce malheureux pays à son gouvernement, dans une dépêche
datée du 27 mai 1861 ;

« Le Congrès (mexicain), au lieu de donner au
» Gouvernement la force d'en finir avec les horribles
» désordres qui règnent de toute part dans ce pays,
» s'entretient de disputes sur différentes théories du
» prétendu gouvernement et des principes ultra-
» libéraux. Pendant ce temps, la partie respectable
» de la population est livrée sans défense aux atta-
» ques des voleurs et des assassins qui pullulent sur
» les chemins, dans les rues de la capitale. Le Gou-
» vernement constitutionnel ne peut maintenir son
» autorité dans les divers États de la Confédération,
» qui, de fait, se font parfaitement indépendants ; de
» manière que les mêmes causes qui diviseront la
» Confédération de l'Amérique centrale et qui agis-
» sent ici, produiront probablement les mêmes résul-
» tats... Dès le moment où nous ferons connaître notre
» détermination de ne pas permettre plus longtemps
» que les sujets anglais soient volés et assassinés im-
» punément, nous serons respectés. Tous les Mexi-
» cains sensés approuveront une mesure qu'ils sont
» les premiers à reconnaître nécessaire, afin de mettre
» un terme aux excès qui, chaque jour et à toute

» heure, se commettent sous un gouvernement aussi
» corrompu qu'impuissant à maintenir l'ordre et à
» faire exécuter ses propres lois. »

Le 28 octobre, il continuait ainsi ;

« L'expérience de chaque jour tend seulement à
» prouver combien il est tout à fait absurde de cher-
» cher à gouverner ce pays avec les facultés limitées
» qui sont accordées au pouvoir exécutif par la pré-
» sente constitution ultra-libérale. Je ne vois d'espé-
» rance d'amélioration que dans la venue d'une inter-
» vention étrangère ou dans la formation d'un gou-
» vernement raisonnable, composé des hommes
» principaux du parti conservateur qui, quant à pré-
» sent, manquent de valeur morale et craignent de
» se mouvoir, à moins d'avoir quelque secours maté-
» riel du dehors. »

Voici donc ce qu'était le Mexique sous le gouvernement de Juarez : le brigandage à l'état normal, et
non-seulement le président laissant les brigands qui
l'entourent impunis, mais en faisant des colonels et
des généraux, des confidents et des amis. Est-ce
donc là ce pays si intéressant, si digne de sympathie,
qu'il faille lui sacrifier les intérêts de la politique
française ?

Déjà, en 1836 et en 1837, des pétitions avaient
été adressées au gouvernement. Ces pétitions, signées
de tous les résidents français au Mexique, y pei-
gnaient les Européens traités par le gouvernement

mexicain comme les juifs l'étaient au moyen âge. Dans la séance du 11 mars 1837, le rapporteur demandait à ce que le pavillon français se montrât souvent dans les mers lointaines, et que la marine militaire allât appuyer de ses canons nos justes réclamations.

Le fort de Saint-Jean-d'Ulloa fut, en conséquence, bombardé et pris. Un traité fut signé avec le Mexique. Nous venons de voir comment il était exécuté.

L'idée d'une expédition au Mexique n'était donc pas aventureuse. C'était d'abord le désir légitime que devaient avoir les gouvernements français, espagnol et anglais de faire payer les créances qui étaient dues à leurs nationaux, et d'obtenir des garanties pour leur vie et leur sécurité.

C'est donc dans cette pensée que les troupes des trois puissances se dirigèrent tout d'abord vers le Mexique.

Juarez, à qui les promesses coûtent peu, signa la convention de Soledad avec les trois commandants des forces alliées. Mais quelle garantie sérieuse avions-nous de l'exécution de ce nouveau traité? L'Angleterre se contenta de promesses d'argent fourni par les Etats-Unis. Qu'a obtenu l'Espagne ?

Persuadé qu'on n'obtiendrait rien de certain tant que le Mexique n'aurait pas un gouvernement stable, l'Empereur résolut alors d'entreprendre l'œuvre de la régénération de ce pays et de lui donner un gouvernement qui pourrait s'appuyer sur ce que sir Ch. Wyke déclarait manquer au pouvoir exécutif : l'appui d'une force étrangère.

Du moment que la France ne ratifiait pas la convention de Soledad, l'Espagne et l'Angleterre retirèrent leurs troupes et nous laissèrent livrés à nos seules ressources sur le sol mexicain.

L'Espagne, qui avait caressé l'idée de reconquérir une certaine influence sur son ancienne colonie, voyait ses projets entravés par la politique française et nous abandonnait. Le général Prim faisait, peu de temps après, pénétrer au Mexique son fameux discours au sénat espagnol, discours si contraire aux armes de ses anciens alliés. Quant à l'Angleterre, par une mauvaise entente de ses vrais intérêts, elle refusait de prendre part à une expédition à l'intérieur et de nous aider à modifier l'état des choses au Mexique.

Ici, nous nous permettrons une digression à propos des expéditions lointaines en général. L'expédition du Mexique n'est pas, en effet, un fait isolé dans l'histoire de la France. Le fait isolé est sa non-réussite, échec causé par un concours fatal de circonstances fâcheuses que nous énumérerons plus tard.

Tous les peuples possesseurs de débouchés sur l'Océan ont eu le goût de ces expéditions, et ce serait être bien ingrat que de faire le procès aux hommes audacieux à qui nous devons la découverte de ces mondes nouveaux, encore inconnus il y a quatre cents ans.

La France a eu de vastes et puissantes colonies en Amérique et en Asie. C'est avec douleur qu'à une époque lamentable de notre histoire nous nous sommes vus contraints de les abandonner pour concentrer sur le continent toute l'énergie de notre patriotisme. L'Angleterre, qui a profité de nos pertes, est grande par ses possessions lointaines, par l'influence qu'elle exerce aux quatre coins de l'univers, par l'activité que ses nombreux comptoirs donnent à son commerce, et tandis qu'en France les expéditions du Mexique, de Chine et de Cochinchine, la conquête de l'Algérie elle-même, ont trouvé des détracteurs acharnés, les Anglais nous donnent aujourd'hui un grand exemple de patriotisme dans l'ardeur avec laquelle ils vont en Abyssinie demander réparation des vexations et des outrages commis sur leurs nationaux, non cependant sans quelque arrière-pensée ambitieuse.

Nulle voix ne s'élève pour parler des avantages que nous avons acquis dans nos entreprises heureusement terminées de Chine et de Cochinchine. N'est-ce pas parce que le sentiment public a été faussé et entraîné par les manœuvres de l'opposition?

L'opinion publique impartiale trouverait en effet des voix pour louer les succès, comme elle en trouve pour chercher la cause des revers; tandis que les partis se taisent sur tous les événements qui font rejaillir

une gloire légitime sur le gouvernement impérial,
et saisissent avec joie toutes les occasions de proclamer un insuccès de la politique française.

Les expéditions lointaines, aujourd'hui si atta-
quées, trouvaient cependant, en 1840, un éloquent
défenseur dans M. Berryer :

« On dit qu'après tout la France, disait-il, est
» une puissance continentale, et qu'elle devrait se
» borner là et renoncer aux possessions lointaines.
» Y a-t-on bien pensé? Quoi, Messieurs, la France
» ne sera qu'une puissance continentale, en dépit de
» ces vastes mers qui viennent rouler leurs flots sur
» nos rivages et solliciter, en quelque sorte, le génie
» de notre intelligence ! Il n'en saurait être ainsi.....
» Les productions s'accroissent, tout le monde pro-
» duit en France, et vous nous renfermez dans nos
» deux frontières de terre et dans nos deux rivages !
» Que deviendront toutes ces productions que vous
» excitez ainsi dans la France? et cette immense
» machine à vapeur ainsi mise en mouvement, ainsi
» chauffée par le génie, par l'activité, par l'intérêt
» de tous, ne fera-t-elle pas une effroyable explo-
» sion si les débouchés ne sont pas conquis? »

N'est-ce pas là, en effet, le but véritable des expéditions lointaines ? Offrir aux forces surabondantes
d'une nation des débouchés favorables ? Le système
colonial ne doit cependant pas être aujourd'hui ce
qu'il était jadis. Les nations, soucieuses de leurs vrais
intérêts, doivent renoncer à la souveraineté des pays

lointains, souveraineté ruineuse ; mais ils doivent s'attacher à y répandre les produits de leur commerce et y chercher en échange les abondantes richesses de ces pays jeunes encore.

Des traités avantageux et fidèlement exécutés, une influence prépondérante et utile à la mère patrie, voilà ce que doivent désirer les puissances européennes sur les autres continents. Voilà ce que l'Empereur voulait obtenir, créer au Mexique, non par suite d'un caprice du moment, mais pour réaliser une pensée conçue et étudiée depuis de longues années, depuis sa captivité de Ham.

Pour les esprits malveillants ou pour les politiques à courte vue, la revendication de 40 ou 60 millions dus à nos nationaux n'étaient pas une raison suffisante à une dépense aussi considérable d'hommes et d'argent. Pour ceux qui voient plus loin dans l'avenir, la question commerciale, celle qui doit avoir des avantages certains, se complique et dépend d'une autre, non moins importante, d'une question de politique universelle.

Deux civilisations opposées se disputent, en effet, le continent américain. Le Sud appartient entièrement à la race espagnole, catholique et monarchique. Le Nord, à la race anglo-saxonne, protestante et républicaine. Le Mexique fait partie du premier groupe, et les Etats-Unis eux-mêmes se partagent en deux fragments différents de mœurs et d'origine. La puissance française, représentée à la Louisiane et au Canada, a disparu, mais ses traditions ont survécu.

L'Amérique du Sud échappe pour le moment à l'influence des Etats-Unis ; mais le Mexique, voisin de la grande république américaine, a déjà, dans les guerres précédentes, perdu deux de ses provinces, la Californie et le Texas. L'État de désorganisation complète dans lequel se trouve ce malheureux pays, lui ôte toute possibilité de résistance aux efforts de ses dangereux voisins. Tout pays livré à l'anarchie devient fatalement la proie de celui qui entreprend vigoureusement sa conquête, et il est évident pour tout le monde que le Mexique disparaîtra un jour ou l'autre tout entier dans la confédération des États-Unis. Seul pays régulièrement constitué du Nouveau-Monde : c'est vers eux que convergent toutes les émigrations européennes fournies en grande partie, par l'Allemagne et l'Irlande ; l'accroissement continuel de la population lui permet donc de s'étendre sans cesse. De plus, la doctrine de Monroë la pousse à acquérir, soit par les armes, soit en les achetant, toutes les possessions des nations européennes. L'Amérique russe fait aujourd'hui partie de l'Union, et le Danemark vient de lui céder à prix d'argent plusieurs îles dans les Antilles.

Eh bien ! il y avait et il y a encore là un danger non-seulement pour la France, mais encore pour l'Espagne et pour l'Angleterre. Cette dernière l'a bien compris depuis, et l'union conclue entre les

colonies anglaises du Nord, témoigne des inquié-
tudes qu'inspire au gouvernement de la Grande-
Bretagne l'ambition des États-Unis. Quant à l'Espagne, les bruits qui circulent sans cesse sur l'île de
Cuba font prévoir le jour où cette puissance sera
contrainte à céder sa magnifique colonie à l'Amérique
qui la convoite depuis longtemps. Autant, et même
plus que la France, les deux puissances alliées
étaient donc intéressées à soutenir l'expédition du
Mexique.

L'Empereur, dans une lettre au général Forey,
écrivait en effet :

« Fontainebleau, 3 juillet 1862.

» ... Si, au contraire, le Mexique conserve son indépendance
» et maintient l'intégrité de son territoire, si un gouverne-
» ment stable s'y constitue avec l'assistance de la France,
» nous aurons rendu à la race latine, de l'autre côté de
» l'Océan, sa force et son prestige.

» NAPOLÉON. »

C'est à cette pensée que l'Angleterre aurait dû
tout d'abord se rallier ; car bien que la conformité
d'origine l'unisse à la race anglo-saxonne, ses intérêts bien entendus lui conseillaient cependant de
soutenir la race latine au Mexique.

De plus, l'Angleterre et la France auraient dû
favoriser la scission des États-Unis. Déjà, elles
avaient reconnu les États du Sud comme puissance
belligérante ; il fallait, sans engager une lutte ou-

verte avec le Nord, appuyer du moins les confédérés d'une sympathie assez nettement exprimée pour empêcher le gouvernement du Nord de soutenir d'armes et d'argent les juaristes, et contraindre le cabinet de Washington à reconnaître Maximilien.

La grande pensée qui dominait dans cette expédition était donc celle-ci : établir au Mexique un gouvernement stable, certain de l'appui des puissances européennes intéressées à son maintien; mettre une digue aux envahissements des États-Unis, et créer entre le Mexique et les États confédérés d'une part, le Canada de l'autre, une ligne défensive dont l'esprit et les traditions auraient été favorables aux relations avec l'Europe.

Il y avait de plus dans la réussite de cette expédition, clef de voûte de tout l'édifice politique conçu par Napoléon III, une autre pensée.

Les vieilles nations de l'Europe sont menacées dans leur existence et dans leur indépendance par une puissance à peine civilisée, qui n'a un rôle dans le monde politique que depuis cent cinquante ans à peine, mais dont l'ambition insatiable joue dans l'ancien monde le même jeu que les États-Unis dans le nouveau. La Russie, qui possède plus de la moitié de l'Europe, qui convoite l'Empire Turc, dont les conquêtes s'étendent chaque jour en Asie, tant du côté de la mer Caspienne, que du côté des mers du Japon, donne la main à l'Amérique du Nord à travers le détroit de Behring. Une communauté d'inté-

3

rêts doit unir ces deux nations, en lutte toutes deux avec les puissances occidentales, l'une en Europe et en Asie, l'autre en Amérique.

Le principe qui a conduit les forces alliées de la France et de l'Angleterre en Crimée et en Chine, devait donc les faire suivre au Mexique la même politique. Une jalousie irréfléchie de l'Angleterre a peut-être empêché cette action commune, cette alliance intime d'où dépend aujourd'hui l'avenir des deux nations.

Le but de l'expédition bien établi, voyons par suite de quelles circonstances fatales elle s'est terminée si malheureusement.

L'abandon des forces anglaises et espagnoles nous avait d'abord laissés sur le sol mexicain avec des moyens d'action trop restreints. Malheureusement le général Lorencez, fort mal renseigné par la diplomatie et n'ayant pas encore reçu de renfort, se dirigea sur Puebla, qui devait, disait-on, ouvrir ses portes et qui résista. Obligé de revenir sur ses pas et d'attendre des forces nouvelles, il perdit un temps précieux. De plus, ce premier échec, et qui fut le seul, donna au parti libéral une confiance d'autant plus grande, qu'il se trouva en France des voix qui osèrent réclamer le retrait de nos troupes. Proposition qui, pour l'honneur de la France, fut rejetée avec colère et indignation. Une fois, en effet, l'effectif de nos forces au Mexique porté à un chiffre raison-

nable, les opérations, poussées avec lenteur, il est
vrai, n'en furent pas moins couronnées d'un plein
succès. Puebla, Mexico, Morelia, San-Luis, Guada-
lajara virent bientôt flotter sur leurs murs le drapeau franco-mexicain.

Une *junta* fut formée, et, sur la proposition du
gouvernement français, élut l'archiduc Maximilien
d'Autriche empereur. Le nouveau souverain devait
s'appuyer sur le parti clérical, et l'archevêque de
Mexico l'avait bien accueilli. Le Mexique eut à ce
moment quelques mois de calme et de répit.

Mais le clergé mexicain ne donnait son appui
qu'avec l'espoir de recouvrer les biens de mainmorte
que Juarez lui avait enlevés. Maximilien voulut ac-
corder un concordat, se refusant à léser les acqué-
reurs de bonne foi et proposant seulement de réviser
les contrats. Le parti clérical déçu abandonna le
nouvel empereur et lui fit une opposition systématique, jusqu'au jour où, voyant l'empire s'écrouler,
Maximilien prêt à partir, et craignant la réaction
juariste, il promit au malheureux prince des secours
en soldats, en argent : promesses trompeuses, qui
devaient le mener à Queretaro !

Outre la défection du parti clérical, d'autres causes avaient encore précipité la chute de l'empire :
c'est le retour de nos troupes sous la pression de
l'opinion publique en France et sur la demande du
cabinet de Washington.

Comment l'opinion publique était-elle devenue aussi pressante? Dès le début de l'expédition, un esprit de dénigrement sans relâche s'était acharné à discréditer cette entreprise. Heureuse de notre échec devant Puebla, cette opposition systématique s'étudiait à présenter le peuple mexicain comme digne de toutes les sympathies et comparait nos soldats à des brigands, nos généraux à des incendiaires.

Le 10 juin 1865 un député, répondant à un discours de l'opposition, disait :

« L'orateur, en vous parlant de l'expédition du
» Mexique, a présenté le gouvernement, nous, par
» conséquent, qui sommes les représentants du
» pays, comme faisant une guerre injuste, contraire
» au droit des gens, comme promenant à travers le
» Mexique la fusillade et l'incendie. Sont-ce là des
» images à mettre devant les yeux du pays ? »

Non certes. Ces accusations étaient mauvaises, au point de vue du vrai patriotisme ; mais elles servaient la cause des partis hostiles, et le but était atteint.

Non contente de jeter sur nos propres soldats la défaveur et la défiance, l'opposition prenait ouvertement parti pour Juarez et venait en pleine Chambre révéler les secrètes intentions du gouvernement, excitant ainsi et la résistance au Mexique, et la haine de la France aux Etats-Unis.

Malheureusement, en effet, ces paroles imprudentes, inspirées à l'opposition par la passion, ne restaient pas sans écho de l'autre côté de l'Océan et allaient réjouir sur le sol américain tous les ennemis du renom de la France.

Voici, d'ailleurs, les faits que reproduisait M. Rouher à la Chambre :

« Les Mexicains du parti Juarez en séjour à New-
» York ont célébré l'anniversaire de l'indépendance
» du Mexique. M. Rovero a donné le signal des
» discours. On a bu :

» A la mort de Maximilien, tyran du Mexique ; à
» la mort du Pape, tyran des consciences ; à la mort
» de Napoléon III, tyran du monde entier.— Ce n'est
» pas tout. On a porté la santé des députés français
» qui font opposition à la tyrannie de l'Empereur. »

A Jackson, des juaristes californiens se cotisaient pour offrir à deux députés de l'opposition un témoignage du plaisir que leur causait l'apologie du brigandage juariste fait à la tribune française.

Les journaux de l'opposition ne laissaient pas non plus échapper l'occasion d'attaquer le gouvernement. Depuis dix ans, ils attendaient avec impatience le moment où, pour la première fois, le succès ne couronnerait pas immédiatement la politique impériale. Cette heure était venue et tous leurs efforts tendaient à ruiner l'empire créé et soutenu par les armes françaises. Le malheureux Maximilien, prince éclairé, mais trop honnête pour régner sur des populations gangrenées, auxquelles il aurait fallu un Louis XI ou un Pierre le Grand, a payé de sa vie son désir de pousser jusqu'au bout son entreprise. Ce n'est donc pas sur la France que retombera son sang, comme le disait une voix hostile au gouvernement, mais sur ceux qui ont rendu sa chute inévitable ; sur ceux qui n'ont pas compris que, du moment que le drapeau de la France était engagé au Mexique, il fallait le défendre et le faire triompher quand même ; sur ceux enfin qui ne veulent pas voir qu'affaiblir le prestige du gouvernement français à l'étranger, est affaiblir le prestige de la France même et donner des armes à ses adversaires.

Ce que l'opposition désire, en effet, ce n'est pas la gloire de la France, comme le voudrait le patriotisme désintéressé, mais bien le triomphe des principes démocratiques. Ce qu'elle attaquait dans Maximilien, c'était l'Empereur, le monarque ; ce qu'elle défendait en Juarez, c'était le président républicain, c'étaient les doctrines ultra-libérales et anarchistes. Périsse la France plutôt qu'un principe ! Ces sympathies témoignées pour l'anarchie mexicaine sont l'expression à l'extérieur de la politique suivie à l'intérieur par le parti ultra-démocratique.

Si nous arrivons, en effet à l'intervention des États-Unis, nous verrons que ce n'est que décidé par la connaissance qu'il avait de l'impopularité de l'expédition en France, que certain de l'appui qu'il trouverait dans l'opposition française, que le gouvernement de Washington a réclamé si vivement l'application de la doctrine de Monroë. Ajoutons toutefois que, malgré les manœuvres de l'opposition, une intervention n'aurait peut-être pas eu lieu, si la France avait pu rallier l'Angleterre à ses projets.

Dans ces conditions, ou les États du Sud, soutenus par les deux puissances européennes, auraient pu continuer la lutte assez longtemps pour nous permettre d'établir plus solidement l'empire du Mexique, ou même les Etats du Nord, victorieux, n'auraient pas osé, à peine remis de quatre ans de déchirements intérieurs, s'engager dans un conflit avec la France, appuyée sur l'alliance anglaise.

L'Angleterre, si elle s'était trouvée eng»gée comme l'était la France, n'aurait pas reculé ; elle aurait brisé tous les obstacles ; persévérante et tenace, elle aurait fini par mener à bien cette périlleuse expédition. En France, au contraire, l'opinion publique s'est enfiévrée. « Il y a dans notre pays, » disait un jour M. Rouher, si prompt aux généreuses » entreprises, une impatience du but qui ne tient » pas toujours compte des conditions de temps. »

L'opposition s'est appliquée à surexciter encore cette impatience. Elle a mis tout son patriotisme à faire échouer cette expédition, à laisser stériles tout l'argent dépensé, tout le sang répandu.

Ce n'est donc pas seulement le gouvernement personnel qu'il faut accuser, mais aussi l'intervention maladroite de cette opinion publique qui, nous ne cesserons de le répéter, ne devient une force utile qu'autant qu'elle est dirigée dans le sens des véritables intérêts de la patrie, et non passionnée au profit de mesquines rancunes de parti.

IX

Du reste, ce n'est pas seulement dans la question du Mexique que l'opposition, fidèle à ses traditions, devait sacrifier les intérêts français à ses passions et à ses inimitiés.

L'Italie, que l'Empereur avait laissée après Villafranca débarrassée de l'influence autrichienne, n'avait pas voulu suivre sagement le chemin que lui avait tracé le gouvernement impérial.

M. de Cavour, impatient du but, ne voulut pas entreprendre lentement et sûrement l'organisation du nouveau royaume, mais ne se sentant pas la force de conquérir, il eut recours à la révolution. Il s'adressa à Garibaldi. Le royaume de Naples, mal gouverné, il est vrai, sous le règne précédent (l'est-il mieux depuis?) mais ayant sur le trône un prince jeune et qui pouvait dans l'avenir donner des satis-

factions à son peuple, était agité par les agents pié-
montais. Il fallait peu de chose pour allumer la
révolution. Garibaldi alla descendre en Sicile. Cette
île, en effet, toujours en lutte sourde avec Naples,
devait être favorable à un mouvement.

Palerme se souleva, et lorsque Garibaldi et ses
bandes se montrèrent devant Naples, le jeune roi,
abandonné de ses troupes, fut obligé de se réfugier
dans Gaëte. Devant une résistance, Garibaldi devenait impuissant, aussi M. de Cavour jeta-t-il le
masque. Prêt à désavouer le célèbre aventurier s'il
échouait dans son entreprise il voulait profiter de sa
victoire. Naples, dans un moment d'élan populaire,
avait demandé sa réunion au royaume de Sardaigne ;
Gaëte tenait toujours, une résistance prolongée pouvait faire revenir les esprits sur une détermination
un peu précipitée ; l'amiral Persano vint bombarder
la ville et le roi de Naples fut contraint de se retirer
à Rome. La France devait protester, au moins mo-
ralement, contre de pareilles manœuvres. L'Empereur retira son ambassadeur. De ce moment, l'opposition trouva des élans nouveaux de sympathie. Tout
lui faisait un devoir de chérir l'Italie. N'était-ce pas
contre l'avis du gouvernement français que l'expédition de Naples s'était faite ? n'était-ce pas à la révolution qu'elle était due ? L'opposition, qui avait
regardé d'un œil indifférent l'Italie délivrée, devenait pleine d'affection pour l'Italie livrée désormais
à l'esprit révolutionnaire, et entassait arguments sur
arguments pour bien démontrer aux Italiens qu'ils

ne devaient aucune reconnaissance à la France de l'appui qu'elle lui avait prêté contre l'Autriche. Garibaldi, mauvais général, administrateur incapable, orateur grotesque, devenait la Providence et l'idole du parti qui s'intitule *parti de l'action*, parce qu'il agit d'abord et tâche de réfléchir ensuite.

La mort de M. de Cavour servit de prétexte à un rapprochement, et la France renoua des relations diplomatiques. Mais au lieu d'une Italie pleine de gratitude pour l'Empereur, qui l'avait délivrée, nous avions près de nous un pays en proie désormais aux menées de ces esprits qui se disent libéraux parce qu'ils s'arrogent la liberté de ne rien respecter.

Le gouvernement de Victor-Emmanuel devait se voir bientôt débordé par l'élément démagogique, et Aspromonte allait, heureusement, faire un moment justice de Garibaldi et de ses agitations.

Mais des complications nouvelles surgissaient en Allemagne. Napoléon III essaya d'abord de prévenir le choc entre la Prusse et l'Autriche. Fidèle à l'ingrate Italie, l'Empereur posait comme base de toute intervention amicale la cession de la Vénétie. L'Autriche refusa; d'ailleurs le gouvernement italien, entraîné par le parti avancé, voulut ne devoir la Vénétie qu'à ses armes. Custozza et Lissa furent la réponse de l'Autriche aux fanfaronnades du parti de l'action qui, par son attitude, avait contraint le ministère de Florence à conclure une alliance avec la Prusse, et rendait difficile une intervention armée de la France.

Toutefois, le gouvernement français avait consulté les Chambres et les populations qui, ne prévoyant pas Sadowa, s'étaient prononcées pour le maintien de la paix. Les conséquences de la guerre d'Allemagne furent donc la cession de la Vénétie à l'Italie et l'accroissement des forces de la Prusse.

La médiation de la France avait donné la Vénétie aux Italiens. — La promesse de l'Empereur était tenue, et c'est des mains de la France que Victor-Emmanuel reçut la Vénétie. Lente, mais sûre, l'action du gouvernement personnel savait donc toujours atteindre son but .

La Vénétie était à l'Italie. Ce prétexte à attaquer le gouvernement échappait à l'opposition. Les événements d'Allemagne devaient lui offrir de nouveaux motifs à contrecarrer la politique impériale.

Tandis que le sentiment national allemand, surexcité outre mesure, se livrait à des fanfaronnades exagérées, mais du moins patriotiques ; tandis que l'esprit français, blessé dans ses susceptibilités, s'animait et caressait l'espoir de mettre bientôt fin aux insolences prussiennes, l'opposition se faisait un malin plaisir d'atténuer cet élan dont avait besoin le gouvernement français pour appuyer ses justes réclamations au sujet du Luxembourg. Pris tout à coup d'une philanthropie intempestive et d'une vive affection pour le peuple allemand, les journaux hostiles rédigent et font signer des adresses en faveur de la paix. Au lieu de défendre et de maintenir bien haut le drapeau de la France, l'opposition donne aux nations rivales le plaisir d'entendre dire à des bouches françaises que la France est déchue de son rang et n'est plus qu'une puissance de troisième ordre.

N'ayez pas d'illusion à cet égard ; mettre, comme vous le faites, la sécurité de votre pays sous la sauvegarde de la magnanimité des étrangers, ce n'est pas de la modération, c'est la négation du patriotisme.

Mais le gouvernement personnel, contrecarré dans ses desseins, mais heureusement soucieux avant tout de l'honneur de la France, triompha de ces menées perfides. Des armements considérables et une attitude énergique nous rallièrent les suffrages des nations européennes, et la Prusse fut contrainte à céder devant les décisions du congrès de Londres.

Ce congrès lui-même fut un succès personnel pour l'Empereur ; car l'idée de prévenir ainsi l'effusion du sang et de triompher par une pression morale des résistances injustes et des aspirations ambitieuses, est toute napoléonienne.

Une dernière question devait attirer l'attention du gouvernement : la question romaine.

L'Empereur se trouvait en présence de deux solutions :

Le maintien de nos troupes à Rome, sauvegardant le pouvoir temporel de la révolution italienne, des impatiences des partisans de l'unité ; le retrait de nos soldats laissant Rome protégée par une convention entre la France et l'Italie.

Cette dernière combinaison donnait satisfaction à cette partie de la nation française qui réclamait la fin de notre intervention à Rome, tout en désirant des garanties pour le pape.

Lorsque l'année 1865 finit, nos troupes avaient donc évacué Rome. Le parti italien qui s'était formé en France blâmait hautement cette convention, invitant par des discours imprudents, par des écrits exaltés, l'Italie à la déchirer, engageant, en un mot, une puissance étrangère à ne pas respecter sa signature et celle de la France apposées au bas de cet acte international.

Ce droit de réunion dont on promet tant de merveilles, s'exerçait déjà à l'étranger et Dieu sait dans quels déplorables abus tombaient ceux qui en profitaient pour se répandre en attaques violentes contre le gouvernement de la France!

Ces congrès se réunissaient à Gand, à Liége, à Berne. On retrouvait là, parmi les membres présents ce groupe d'écrivains et d'orateurs qui se multiplient par le bruit qu'ils font et ne manquent jamais d'aller à l'étranger déclamer contre le gouvernement de leur pays, qui a eu peut-être le tort de méconnaître leur génie et de dédaigner leur utilité !

Ces esprits exaltés, qui compromettent par leurs violences la cause de la liberté plus qu'ils ne la servent, allaient à Liége prêcher la révolution, les barricades, la haine au capital, à la bourgeoisie. D'ailleurs, ne respectant rien et terminant leurs diatribes insensées par des phrases comme celle-ci :

« Dieu c'est le mal ; la propriété c'est le vol. »

Est-ce donc là le langage de véritables Français, et s'il est permis de se dire des vérités quelquefois un peu dures quand on est entre soi, est-il permis, sur une terre étrangère, de médire ou seulement de se plaindre du grand pays auquel on appartient ? Ne doit-on pas alors tout oublier, et l'attachement patriotique ne doit-il pas seul survivre ?

Un congrès cependant s'annonçait à grand fracas à Genève : un congrès de la paix ! Tous les agitateurs de tous les pays y étaient conviés. Le résultat de cette comédie était connu d'avance. Après avoir insulté à tout ce qui est respecté et respectable en ce monde, après avoir prêché la discorde et la vengeance, ces apôtres de la paix devaient se déchirer entre eux et se séparer le cœur plein de haine et de projets incendiaires.

Nous n'aurions pas insisté sur cette ridicule équipée, s'il n'en était pas sorti des complications fâcheuses pour la France, fâcheuses pour Rome, fâcheuses pour l'Italie.

Garibaldi, ce convulsionnaire politique, après avoir injurié le gouvernement italien, la France, la religion chrétienne et ses représentants, annonçait ouvertement son dessein de s'emparer de Rome, au mépris des lois de son pays, au mépris des traités.

Le ministère Ratazzi jouait un jeu double, faisait arrêter Garibaldi et favorisait l'entrée de ses bandes sur le territoire pontifical. Malgré les représentations de la France, le cabinet de Florence ne faisait rien pour respecter l'article de la convention ainsi conçu :

« L'Italie s'engage à ne pas attaquer le territoire
» actuel du Saint-Père et à empêcher, même par la
» force, toute attaque venant de l'extérieur contre
» ledit territoire. »

Devant l'impuissance et la mauvaise volonté du ministère italien, la France devait-elle rester inactive ? Devait-elle laisser violer un traité dont, pour la première fois, elle demandait l'application ?

Quelles que soient, en effet, les sympathies que peuvent inspirer aux uns ou aux autres la cause de l'unité italienne ou celle du pouvoir temporel, il y avait dans cette nouvelle phase de la question romaine une considération qui pouvait se placer au-dessus de toutes les autres : le sentiment de l'honneur de la France, qui ne devait pas laisser le bon plaisir révolutionnaire se jouer des traités où elle a mis sa signature. Aussi, malgré les efforts de l'opposition démocratique, la Chambre, et même quelques membres de la gauche, approuvèrent-ils la conduite du gouvernement, infligeant ainsi un blâme sévère à ceux qui, par des sympathies antipatriotiques, par des souscriptions en faveur des garibaldiens que nous allions combattre, avaient forcé le gouvernement français à leur rappeler que, lorsque les hostilités commencent, il ne doit plus y avoir d'opinions autres que celle qu'abrite le drapeau de la France.

X

Soyez donc satisfaits, ô vous qui avez fait de vos éternelles attaques contre le gouvernement personnel votre *delenda Carthago!*

Celui qui gouverne la France s'est dépouillé peu à peu de ces prérogatives que vous lui reprochiez sans cesse. Mais, du jour où cette transformation a commencé à s'opérer, la politique impériale a paru hésitante, parce qu'elle a été le reflet de vos passions tumultueuses, parce qu'elle est devenue plus sensible aux incertitudes de cette opinion, que vous savez agiter, mais non diriger sagement.

Au lieu de cette politique ferme qui, livrée à elle-même, savait atteindre son but et, tout en sauvègardant les intérêts de la France, inscrivait sur les tablettes de son histoire de glorieuses journées, vous voudriez imposer au gouvernement une conduite qu'aucune prévoyance ne dirige, une politique du lendemain qui sait blâmer et ne saurait agir.

Cette force que vous cherchez dans l'opinion publique, vous ne la demandez pas à la raison, mais à la passion; vous lui communiquez vos rancunes et vos défauts, vous qui savez si bien vous unir pour critiquer et qui resteriez peut-être impuissants s'il vous fallait prendre l'initiative. Vos principes, dites-vous, sont des vérités immuables. — Qui le conteste? Ces principes que vous dites être les vôtres sont ceux de tout le monde. — Quel est donc celui qui oserait se dire leur adversaire convaincu? Quel est l'homme de bien dont le cœur ne bat pas plus vite au nom de liberté? Oui; la liberté de la presse et le droit de réunion, l'égalité sociale, la supression de ces luttes fratricides où les hommes s'égorgent comme des bêtes fauves, l'abolition de la peine de mort sont des vérités incontestables; mais pour les faire triompher et régner, il ne suffit pas que les gouvernements les protégent, il ne suffit pas que la voix de quelques-uns les réclame; il faut encore que l'humanité s'en rende digne. Il faut que les esprits se préparent, par une étude patiente et impartiale des nécessités fondamentales de tout gouvernement et de toute société, à jouir sagement des libertés octroyées. Il faut que la liberté pénètre dans nos mœurs comme l'égalité, et qu'elle s'y fasse sa place

tranquillement au lieu d'être un épouvantail pour les uns, un moyen d'agitation pour les autres.

Ce n'est pas la première fois que l'opinion publique a demandé et obtenu ces libertés. Quel usage en a-t-il donc été fait, pour qu'on en soit toujours venu, à un moment donné, à se réjouir de leur suppression. Cela ne tient-il pas à ce que le droit à la liberté de la presse et le droit de réunion n'ont pas de plus grands ennemis qu'eux-mêmes ? Ils ont succombé et succomberont peut-être encore sous le poids de leurs propres excès.

La presse, en effet, ne comprend pas le grand rôle qu'elle a à jouer dans le monde. Libre, elle est toujours en dehors du gouvernement. Au lieu d'être un champ loyalement ouvert à la discussion, elle préfère être un engin de destruction toujours dirigé contre l'Etat, une arme de scandale toujours prête à pénétrer dans la vie privée. Aussi son règne n'a-t-il jamais été qu'éphémère. C'est en ne voulant pas de ses droits avec impartialité et modération qu'elle a, à plusieurs reprises, soulevé contre elle, par un juste retour de l'opinion, la réprobation générale.

Si la presse employait son influence à diriger les esprits et non à les égarer ; si elle était pour les gouvernements un conseiller rigide et austère, au lieu d'être un ennemi partial et acharné, les gouvernements et les peuples ne seraient pas en lutte continuelle, mais s'uniraient dans une action commune qui porterait bien haut la prospérité et la gloire de la patrie.

Un gouvernement n'est pas un ennemi, comme les partis hostiles ont intérêt à le faire croire aux masses. — Un gouvernement est une nécessité, un besoin, et quel que soit son nom, c'est toujours la main qui tient tous les fils nécessaires à la direction d'un Etat. Par cela même, c'est à lui qu'incombe toute responsabilité. C'est pour cela qu'il est obligé d'opposer une sage résistance aux utopies, aux sophismes de ceux qui aiment d'autant plus à donner cours à leurs théories, qu'ils savent, en cas de succès, en réclamer l'honneur, et peuvent, en cas d'échec, s'abriter derrière leur non-responsabilité.

Si le gouvernement hésite à donner des libertés, c'est qu'il n'ignore pas que le but véritable de vos aspirations est le renversement du pouvoir, dont vous voulez saper les bases pour le reconstruire à votre profit. C'est qu'il n'ignore pas que, sous les dehors d'un libéralisme bruyant et d'un désintéressement affecté, vous cachez une ardente ambition. Et pourtant, cette popularité que vous cherchez à acquérir en vous faisant courtisans des passions du peuple, vous ne savez pas la conserver alors que, devenus à votre tour gouvernement, vous avez non plus à critiquer, mais à agir, non plus à passionner, mais à contenir.

En un mot, ces réformes, que vous avez réclamées avec tant d'ardeur, vous sont accordées. Par les libertés qui vont vous être octroyées, vous allez avoir plus d'action sur l'opinion publique, et par contre-coup sur le gouvernement; mais aussi votre responsabilité deviendra plus grande. Et le jour où les événements ne nous seront pas favorables, il vous faudra non plus en rejeter la faute sur le gouvernement seul, mais en accepter les ennuis et vous défendre à votre tour.

Rappelez-vous bien que c'est du sein même de la gauche que s'est élevée la voix qui vous accuse d'oublier trop souvent que vous êtes Français, pour devenir Italiens, Mexicains ou Prussiens.

Et cette voix était autorisée à le dire, car, moins que l'Empereur, vous avez intérêt à l'être.

Ce qui faisait la force du gouvernement personnel, c'était cette union intime du chef de l'Etat et de la nation, qui l'avait élevé au pouvoir.

Tout lui disait de ne voir que les intérêts de la France, car sa force est dans la grandeur même de la patrie. C'est la gloire de la France qui fait la gloire de l'Empereur. Vous, au contraire, avez besoin que la France périclite, que son prestige s'amoindrisse; car la gloire nationale, œuvre du gouvernement impérial, est la ruine de vos ambitions.

Habiles à prévoir ce que vous désirez, vous par-

lez sans cesse des dangers qui menacent l'empire.
N'est-ce pas le cas de vous adresser ces paroles que
prononçait un illustre girondin à la Convention :

« Faut-il admirer la sagacité d'une pareille pro-
phétie ! Et ne vous semble-t-il pas, en effet, très-
difficile de prédire l'incendie d'une maison, alors
qu'on y porte soi-même la torche qui doit l'embra-
ser ? »

Paris, janvier 1868.

PARIS — IMPRIMERIE DE DUBUISSON ET Cᵉ, 5, RUE COQ-HÉRON.